westermann

Fit fürs Gymnasium

10-Minuten-Trainer

Texte verstehen und schreiben

Übertritt

4 → 5

Texte verstehen und schreiben

Die Autorin:
Katja Vau ist Grundschullehrerin und arbeitet als Autorin für Schulbücher, Unterrichtsmaterialien und Lernhilfen.

Bildquellen: |fotolia.com, New York: pit24 24.1. |stock.adobe.com, Dublin: StefanieBaum 36.2; Tim HvW 24.2; travelview Titel.

Druck A3 / Jahr 2025
Alle Drucke der Serie A sind im Unterricht parallel verwendbar.

Redaktion: Maraike Sörensen-Knoop
Kontakt: lernhilfen@westermanngruppe.de
Illustrationen: Hans-Jürgen Feldhaus, Münster; Heike Heimrich, Berlin; Franziska Kalch, Gornau
Umschlaggestaltung und Layout: Janssen Kahlert Design & Kommunikation GmbH, Hannover
Umschlagfoto: stock.adobe.com, Dublin: travelview
Druck und Bindung: Westermann Druck GmbH, Georg-Westermann-Allee 66, 38104 Braunschweig

ISBN 978-3-7426-**0292**-3

Vorwort

Liebe Schülerin, lieber Schüler,

du stehst kurz vor dem Übertritt von der 4. in die 5. Klasse und willst dich schnell noch einmal fit fürs Gymnasium machen? Dann ist der **10-Minuten-Trainer** genau das Richtige für dich! Mit diesem Arbeitsheft kannst du alle wichtigen Inhalte des Lernbereichs **Texte verstehen und schreiben** wiederholen und üben.

Zu jedem Thema gibt es eine **Doppelseite**, die du in 10 Minuten bearbeiten kannst. So wird der Stoff in übersichtliche Einheiten gegliedert, die dir das Lernen erleichtern.

Anschaulich erklärte **Regeln** und **Tipps** helfen dir bei der Bearbeitung der Aufgaben.

Natürlich gibt es in diesem Heft auch einen **Lösungsteil**, mit dessen Hilfe du überprüfen kannst, ob du die Übungsaufgaben richtig bearbeitet hast. Du findest ihn ab Seite 58. Übrigens: Für jede gelöste Doppelseite darfst du dich mit einem **Erfolgssticker** belohnen. Klebe ihn einfach in das dafür vorgesehene Feld.

Wenn du im Fach Deutsch noch mehr üben möchtest, sieh dir doch auch den Band ***Fit fürs Gymnasium Intensiv-Trainer 4→5 Deutsch*** (ISBN 978-3-07-241007-6) an. In diesem Arbeitsbuch findest du zahlreiche Übungen und Tests zu den wichtigsten Lernbereichen des gesamten Deutschunterrichts der Grundschule.

Und damit deine Eltern dich auf deinem Weg ins Gymnasium noch besser unterstützen können, haben wir im Internet unter **www.westermann.de/uebertritt-gymnasium** hilfreiche Tipps und praktische Checklisten für sie zusammengestellt.

Viel Erfolg beim Üben mit dem **10-Minuten-Trainer**!

Das Lernhilfen-Team

Inhaltsverzeichnis

4. Anleitungen und Beschreibungen

5. Meinungen

6. Spannende Geschichten

7. Märchen und Fabeln

Rätsel

1 **Finde die Lösung für das Rätsel.**

Ich bin eine beliebte Frucht –
das sind die anderen auch.
Man kennt mich auch in Kuchen –
viele andere Früchte auch.
Mit Schale bin ich knackig –
ohne Schale schmecke ich aber auch.

Lösung: ....

TIPP In einem Rätsel soll die Lösung nicht zu offensichtlich sein.
Rätsel sind mehr als einfache Beschreibungen.

2 **Hier stehen Sätze über die Banane. Ordne ihnen die Begriffe Rätsel und Beschreibung zu.**

Ich bin eine längliche,
krumme und gelbe Frucht.

....

Mein Äußeres sieht schön aus,
und das wirfst du weg!
Mein Inneres sieht gewöhnlich aus,
und das isst du auf!

....

3 Lies die drei Beispiel-Rätsel und den Tipp.

a) Drehst du mich um, bin ich ein Hut.
Aus mir zu löffeln, geht auch gut. ....

Müslischüssel

b) Ein Zylinder hat drei Seiten,
ein Würfel hat sechs Seiten,
ich aber habe über hundert Seiten! ....

Buch

c) Es gibt ein Auge am Himmel.
Tagsüber wacht es und nachts schläft es. ....

Sonne

TIPP

In Rätseln wird oft eine besondere Sprache benutzt.
Manchmal kommen Reime vor (Beispiel a),
manchmal kommen Wiederholungen vor (Beispiel b),
manchmal wird bildhaft geschrieben (Beispiel c).

4 Schreibe ein eigenes Rätsel.

....

....

....

....

....

....

....

Lösung: ....

Hier kannst du deinen Erfolgssticker platzieren.

Akrostichon

Ein Akrostichon ist ein **Gedicht**.

Die **Anfangsbuchstaben** der einzelnen Verse bilden ein Wort.
Man muss das Wort daher **senkrecht** erlesen.
Das Wort gibt das Thema des Gedichts vor. Daher nennt man es auch das **Themawort**.

1 Lies das Akrostichon und schreibe das Themawort auf.

Faulenzen
Eis essen
Rad fahren
Immer Zeit zum Spielen haben
Einfach die Seele baumeln lassen
Normale Tage irgendwann auch mal vermissen?

Themawort: ....

2 Suche dir ein Themawort aus und kreuze es an. Du kannst auch den Namen einer Person oder ein eigenes Themawort auswählen.

☐ Herbst ☐ Kaninchen ☐ Gewitter
☐ wütend ☐ Ozean ☐ ....

3 **Sammle in einem Gedankenschwarm erst einmal alles, was dir zu deinem Themawort einfällt.**

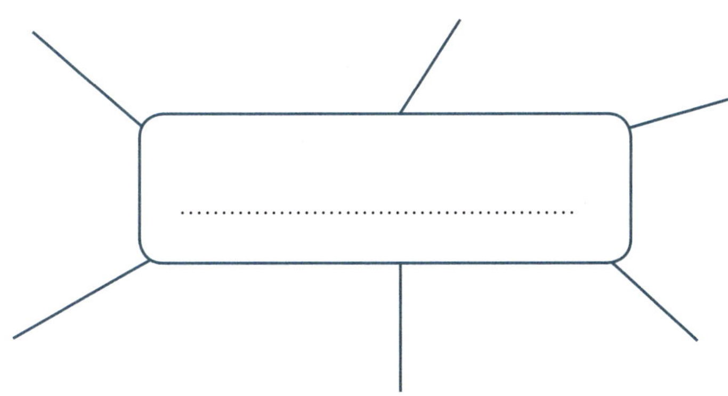

4 **Schreibe dein Akrostichon. Nimm einen Bleistift, dann kannst du die Verse verändern und überarbeiten, bis du zufrieden bist.**

....

....

....

....

....

....

....

....

....

....

Hier kannst du deinen Erfolgssticker platzieren.

Kleine Textformen

Briefe

Zu einem Brief gehören bestimmte Bausteine:
Datum, Anrede, Text, Grußformel, Unterschrift.

Jeder Baustein fängt in einer **neuen Zeile** an.
Zwischen den einzelnen Bausteinen lässt man **eine Zeile frei**.

Wenn man jemanden mit „Sie“ anspricht, werden alle **Anredepronomen** großgeschrieben: **S**ie, **I**hr, **I**hre, **I**hnen.

1 **Lies den Brief. Markiere Datum, Anrede, Grußformel und Unterschrift.**

Köln, den 12.05.2021

Liebe Kinder der Klasse 4b,

vielen Dank für euren netten Brief. Ich habe mich sehr darüber gefreut. Ja, nun bin ich schon seit einem Jahr nicht mehr eure Lehrerin. Aber ich denke immer noch oft an euch.
Die Geschichten von eurer Klassenfahrt waren sehr spannend und sehr lustig. Ich wäre wirklich gern dabei gewesen! Aber ich bin froh, dass ihr auch mit Frau Lenzen und Herrn Züper so viel Spaß hattet.
Erzählt mir doch mal, ob ihr am Ende des vierten Schuljahres eine Abschiedsfeier plant?

Ganz herzliche Grüße von eurer ehemaligen Klassenlehrerin
Hannah Batis

2 **Ordne diese Textbausteine nach Anrede und Grußformel.**

Hallo ■ Viele Grüße ■ Herzliche Grüße ■ Guten Tag ■
Sehr geehrte/-r ■ Freundliche Grüße ■ Liebe/-r ■ Liebe Grüße

Anreden	Grußformeln
....	....
....	....
....	....
....	....

3 **Schreibe einen Brief an Frau Batis, in dem du ihre Frage aus dem Text auf S. 10 beantwortest.**

....

....

....

....

....

....

....

....

....

....

....

....

....

Hier kannst du deinen Erfolgssticker platzieren.

Witze

1 **Hier sind zwei Witze durcheinandergeraten. Lies die Anfänge und Enden der Witze.**

Niemand, Keiner und Doof wohnen im selben Haus. Eines Tages kommt Doof nach Hause. Als er vor der Haustür steht, spuckt Niemand aus dem ersten Stock auf seinen Kopf. Keiner, der ganz oben im zweiten Stock wohnt, schaut Niemand dabei zu. ...

Niemand, Keiner und Doof wollen Boot fahren gehen. Als Erstes steigt Niemand in das Boot. Als Keiner einsteigen will, fällt er ins Wasser. Niemand schafft es nicht, ihn aus dem Wasser herauszuziehen und ins Boot zu hieven. ...

...
Doof rennt wutentbrannt zur Polizei und sagt: „Niemand hat mir auf den Kopf gespuckt und Keiner hat es gesehen!“ Da fragt der Polizist: „Sagen Sie mal, sind Sie vielleicht doof?“ „Ja, höchstpersönlich!“

...
Doof will Hilfe holen, läuft zum Bootsverleiher und sagt: „Keiner ist ins Wasser gefallen und Niemand schafft es nicht, ihn herauszuziehen!“ Da antwortet der Bootsverleiher: „Sagen Sie mal, sind Sie vielleicht doof?“ „Ja, woher wissen Sie das?“

2 **Welcher Anfang und welches Ende der beiden Witze gehört jeweils zusammen? Schreibe die Farben auf.**

.... und ....

.... und ....

3 **Hier findest du weitere Ideen für einen Witz über Niemand, Keiner und Doof.**

Niemand wird vom Hund des Nachbarn gebissen.

Keiner ist vom Balkon gefallen.

Niemand hat Nasenbluten, weil Keiner ihn gehauen hat.

TIPP Ein Witz über Niemand, Keiner und Doof kann kurz und knapp geschrieben werden.

4 **Schreibe einen eigenen Witz über Niemand, Keiner und Doof. Benutze die Ideen oben oder eine eigene Idee.**

....

....

....

....

....

....

....

....

....

Hier kannst du deinen Erfolgssticker platzieren.

Bauplan-Text

1 Lies diesen Text mit einem besonderen Bauplan.

Mir fallen gleich die Augen zu.
Ich bin so müde.
Mir fallen gleich die Augen zu.
Gestern bin ich ganz spät eingeschlafen.
Heute musste ich ganz früh aufstehen.
Und dann habe ich eine lange Radtour gemacht.
Mir fallen gleich die Augen zu.
Mir fallen gleich die Augen zu.

TIPP Dieser Bauplan-Text besteht aus acht Zeilen.
Er enthält einen Themasatz, der mehrmals wiederholt wird.

2 Wie heißt der Themasatz des Bauplan-Textes?

....

3 In welchen Zeilen steht der Themasatz? ....

4 Suche dir einen Themasatz für deinen eigenen Bauplan-Text aus. Kreise ihn ein.

Das hat mich nicht froh gemacht.

So lecker ist sonst nichts.

In meinem Traum kann ich alles.

5 **Sammle hier erst einmal einige nicht zu lange Sätze, die zu deinem Themasatz passen.**

6 **Schreibe deinen Bauplan-Text mit acht Zeilen. Benutze einen Bleistift, damit du deinen Text einfach verändern kannst.**

1
2
3
4
5
6
7
8

Hier kannst du deinen Erfolgssticker platzieren.

Steckbriefe

1 **Viele Menschen verwechseln Amsel und Star. Schau dir die Bilder an und lies den Steckbrief über die Amsel.**

Amsel

Körperlänge (Schnabel bis Schwanzspitze)	15–30 cm
Aussehen Männchen Weibchen	länglicher Vogel, langer Schwanz schwarzes Gefieder, gelber Schnabel insgesamt unauffällig dunkelbraun
Nahrung	Insekten, Obst
Fortbewegung am Boden	läuft mit geducktem Oberkörper
Vorkommen	meist einzeln oder als Paar
Gesang	melodiöser Reviergesang des Männchens, oft morgens und abends, lautes warnendes Zetern bei Gefahr

2 Lies den Text über den Star.

Star

Der Star ist mit 18–22 cm Körperlänge etwas kleiner als die Amsel. Stare haben ein schwarz-dunkelgrün schillerndes Gefieder, je nach Jahreszeit mit hellen kleinen Tupfen. Sie fressen Insekten und Obst. Am Boden bewegen sie sich aufrecht hüpfend vorwärts. Der Star ist ein Schwarmvogel. Je nach Jahreszeit und Lebensraum zieht er mit einer Gruppe von wenigen Individuen oder sogar hunderten Artgenossen umher. Stare können Geräusche imitieren. Ihr Gesang ist eine ausdauernde Folge von Pfeifen, Zischen und Schnalzen.

TIPP In einem Steckbrief werden meist Stichwörter verwendet. Die Informationen werden kurz und knapp zusammengefasst.

3 Schreibe einen Steckbrief über den Star.

Körperlänge	18–22 cm
Aussehen	
Nahrung	
Fortbewegung am Boden	
Vorkommen	
Gesang	

Hier kannst du deinen Erfolgssticker platzieren.

Zwischenüberschriften einfügen

1 Lies die Textabschnitte

....

Je nach Zählweise wird von fünf, sechs oder sieben Kontinenten auf dem Globus gesprochen. *Nordamerika* und *Südamerika* werden manchmal nicht als eigenständige Kontinente, sondern nur als ein Kontinent namens *Amerika* betrachtet. *Europa* und *Asien* werden gelegentlich zu *Eurasien* zusammengefasst.
Der Kontinent *Antarktika*, wie sein offizieller Name ist, wird jedoch immer als eigenständiger Kontinent genannt und nicht namentlich mit einem anderen Kontinent verschmolzen.
Zweifellos ist die Antarktis, wie der Kontinent umgangssprachlich meist genannt wird, ein ganz besonderer Kontinent, weil der Großteil seiner Landmasse vom Ozean bedeckt ist.

....

Schon lange vor der Entdeckung Antarktikas ging man davon aus, dass es im Süden der Erdkugel einen großen weiteren Kontinent geben müsse. Im Jahre 1820 gelang es dann, Antarktika zu sichten.
Mehrere Forschungsschiffe kamen innerhalb weniger Wochen gleichzeitig an. Ein Jahr später landete das erste Boot in der Antarktis – es waren Robbenjäger, die von ihrem Schiff aus losfuhren, um Robben zu finden. Gegen Ende des 19. Jahrhunderts begann die intensivere Erforschung dieses Kontinents – des damals letzten unerforschten Kontinents auf dem Globus.

....

An der Küste Antarktikas leben viele Fischarten. Es gibt in der Antarktis einige Vogelarten, wovon nur die Pinguine flugunfähig sind.
Landsäugetiere leben dort nicht, aber verschiedene Robben- und Walarten. So erklärt sich auch die Scherzfrage, warum ein Eisbär keine Pinguine frisst: Eisbären leben auf der Nordhalbkugel und Pinguine auf der Südhalbkugel der Erde.

....

Der Thwaites-Gletscher liegt in West-Antarktika und ist ein sehr großer Gletscher, ungefähr doppelt so groß wie Österreich. Er wird seit Jahren von Wissenschaftlerinnen und Wissenschaftlern beobachtet, denn vom Gletscher schmelzen Teile ab. Diese Gletscherschmelze ist ein wichtiger Hinweis bei der Diskussion um die Frage der weltweiten Klimaerwärmung. Würde der Gletscher ganz schmelzen, stiege der Meeresspiegel weltweit um mehr als einen halben Meter an. Dies würde wahrscheinlich im Laufe von Jahrhunderten geschehen. Außerdem hätte das Schmelzen des Thwaites-Gletschers voraussichtlich das Schmelzen weiterer antarktischer Eismassen zur Folge.

2 Ordne den vier Textabschnitten die passenden Überschriften zu. Schreibe auf die leeren Zeilen.

Forschungsprojekt am Thwaites-Gletscher
Tierwelt der Antarktis
Entdeckung der Antarktis
Der siebte Kontinent

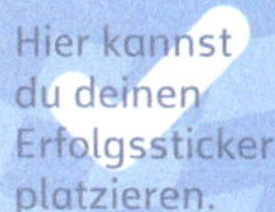

Sachtext und Gedicht vergleichen

1 **Lies das Gedicht.**

Kätzchenalarm

Junge Kätzchen, ein paar Wochen alt,
lassen keine und keinen kalt.
Sie kommen nun oft aus dem Körbchen heraus.
Nummer 1, schwarz-weiß, springt durchs ganze Haus.
Nummer 2 schaut ziemlich munter drein,
ganz schwarz, spielt unterm Sofa allein.
Nummer 3, vorne rechts ein weißes Tätzchen,
ruhig und schüchtern, ist das kleinste Kätzchen.
Schwarz-weiß ist auch das Muttertier,
sie sehen sich ähnlich, alle vier.
Doch halt, wo kommt die Farbe von Kätzchen 4 nur her?
Dass es zur Familie gehört, fällt zu glauben schwer.
Rot-orange mit einem weißen Lätzchen –
Nummer 4 ist wirklich das süßeste Kätzchen!

Hannah Batis

2 **Im Gedicht wird eine Frage gestellt. Markiere sie.**
Im Sachtext auf S. 21 findet sich die Antwort auf diese Frage.
Lies den Sachtext und schreibe eine Erklärung auf.

....

....

....

....

Fortpflanzung von Katzen

Um sich fortpflanzen zu können, müssen weibliche Katzen in die sogenannte Rolligkeit kommen. Während dieser Zeit rollen weibliche Katzen Zeit tatsächlich häufig auf dem Boden herum. Oft nähern sich mehrere Kater einer rolligen Katze. Die Bewerber drohen sich gegenseitig und versuchen, die anderen Kater zu vertreiben. Gelingt dies nicht durch Fauchen und Knurren, wird erbittert gekämpft. Der Sieger versucht dann, die Katze für sich zu gewinnen. Schließlich kommt es zum Deckakt.

Da die Katze mehrere Tage rollig ist, kann sie mehrmals gedeckt werden, auch von verschiedenen Katern. Die Kätzchen eines Wurfs sind dann keine echten Geschwister, sondern Halbgeschwister. So kann es vorkommen, dass ein roter, ein schwarzer und ein grauer Kater die Väter der Katzenjungen sind – und so bunt gemischt sieht dann auch der Wurf aus.

Es kann sogar sein, dass die Katze schon trächtig ist und nach wenigen Wochen noch einmal gedeckt wird. Dieses später gezeugte Katzenjunge ist bei der Geburt deutlich kleiner als seine Geschwister oder Halbgeschwister. Eine junge Katze bekommt in ihrem ersten Wurf meist nur zwei oder drei Junge. Bei einer älteren Katze können es bis zu sechs Junge sein, in Ausnahmefällen noch mehr.

3 **Im Text auf dieser Seite wird erklärt, wieso das Kätzchen Nummer 3 im Vergleich so klein ist. Markiere diese Textstelle.**

4 **Ist die Anzahl der Kätzchen im Gedicht typisch für einen Katzenwurf?**

....

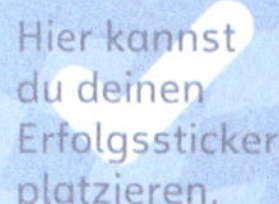

Fragen beantworten

1 **Lies den Text.**

Regen

Das wissenschaftliche Fachgebiet, das sich mit dem Thema Wetter beschäftigt, ist die Meteorologie.
In der Meteorologie wird Regen meist unter dem Aspekt seiner *Entstehung* betrachtet. Die Entstehung von Regen wird von Winden, Temperaturen und der Beschaffenheit der Erdoberfläche (zum Beispiel Gebirge oder Ozeane) beeinflusst.
Im allgemeinen Sprachgebrauch benutzen Menschen, die keine Fachleute sind, eher Begriffe, die sich auf die *Art des Regens* und nicht auf die Entstehung des Regens beziehen.

Dazu muss man wissen, dass Regenfälle in den Regionen der Erde sehr unterschiedlich ausfallen. Die im Folgenden beschriebenen Begriffe gelten für Europa:

Mit *Starkregen* ist ein Regenereignis gemeint, bei dem in relativ kurzer Zeit verhältnismäßig viel Regen fällt. In so einem Fall sind der Boden oder die Kanalisation oft nicht in der Lage, das Wasser aufzunehmen. Bei heftigem Starkregen kann es daher auch zu Überflutungen kommen. Starkregen kann mehrere Minuten oder auch mehrere Stunden dauern. Eine Wetterlage, die Starkregen wahrscheinlich macht, kann von Fachleuten vorausgesagt werden.

Platzregen ist ebenfalls ein heftiger Regen, allerdings betrifft er nur ein kleines Gebiet. Er dauert lediglich wenige Minuten und lässt sich kaum vorhersagen.

Als *Dauerregen* wird ein Regen bezeichnet, der sich über mehrere Stunden oder sogar Tage hinzieht. Der Regen fällt dabei gleichmäßig und ausdauernd. Er ist in der Lage, ausgetrockneten Boden wieder gründlich zu durchwässern. Da dies oft das ist, was sich Landwirtinnen und Landwirte für ihre Pflanzen wünschen, wird Dauerregen auch *Landregen* genannt. Dauerregen lässt sich gut vorhersagen.

2 **Wie heißt das Fachgebiet, das sich mit dem Thema Wetter beschäftigt?**

....

3 **Welche drei Dinge beeinflussen die Entstehung von Regen?**

a) ....

b) ....

c) ....

4 **Welche beiden beschriebenen Regenereignisse lassen sich gut vorhersagen?**

....

5 **Welchen anderen Namen hat Dauerregen?**

....

Hier kannst du deinen Erfolgssticker platzieren.

Quizfragen

1 **Lies den Text.**

Bionik

Das Wort Bionik ist eine Mischung aus den zwei Wörtern **Bio**logie und Tech**nik**. Biologie ist die Wissenschaft, die sich mit allem Lebendigen – also Menschen, Tieren und Pflanzen –, beschäftigt. In der Bionik werden für technische Probleme Lösungen aus der belebten Welt um uns herum gesucht.

Der Klettverschluss, den wir von Jacken und Schuhen kennen, wurde beispielsweise vor über sechzig Jahren von einem Schweizer Forscher entwickelt – nach dem Vorbild des Samens der Klette. Die Klette ist eine Pflanze. Ihr Samen wird häufig einfach nur Klette genannt. Der Klettensamen verbreitet sich dadurch, dass seine winzigen Haken im weichen Fell von Tieren hängen bleiben. So wird die Klette weitergetragen, irgendwann von den Tieren heraus geputzt und fallen gelassen.

Ein anderes Beispiel für Bionik ist die Erfindung selbstreinigender Oberflächen. Von speziell beschichteten Fensterscheiben etwa wird der Schmutz zusammen mit dem Regenwasser abgewaschen. Das ist natürlich sehr praktisch, denn solche Scheiben muss man nur sehr selten putzen.
Das Vorbild aus der Natur sind die Blätter der Lotusblume. Von ihnen perlt Wasser (und die Verschmutzungen, die im Wasser enthalten sind) einfach ab.

2 **Beantworte die Quizfrage.**

Wie heißt der Samen der Klette?

....

3 **Denke dir eine eigene Quizfrage aus.**

....

....?

4 **Kreuze die richtige Antwort an.**

Oberflächen, die nicht verschmutzen, haben als Vorbild

☐ den Apfelbaum. ☐ die Lotusblume. ☐ die Erdbeere.

....

5 **Denke dir eine Frage mit drei Antwortmöglichkeiten aus.**

....

....?

☐ ....

☐ ....

☐ ....

6 **Beantworte die Ja-/Nein-Frage.**

Hat der Klettensamen große Haken? ☐ Ja ☐ Nein

7 **Denke dir eine eigene Ja-/Nein-Frage aus.**

....

....?

Hier kannst du deinen Erfolgssticker platzieren.

Balkendiagramm

1 **Lies den Text und schau dir das Balkendiagramm an.**

Die Stunde der Gartenvögel

Der **Na**turschutz**bu**nd (abgekürzt: NABU) ruft jedes Jahr die Menschen in Nordrhein-Westfalen auf, Vögel zu zählen. Dazu soll man an einem bestimmten Datum eine Stunde lang alle Vögel zählen, die man beobachten kann. Das muss nicht im eigenen Garten stattfinden, sondern kann auch im Park oder vom Fenster aus geschehen. Dabei wird die jeweils höchste Zahl von einer beobachteten Vogelart notiert. Wenn beispielsweise derselbe Sperling mehrmals hin- und herfliegt, dann wird dieser als ein Sperling gezählt. Sieht man jedoch später fünf Sperlinge zusammen, so werden diese als fünf Sperlinge gezählt – der eine Sperling von vorher wird aber nicht noch einmal dazugerechnet.

Diese Vögel hat Piet in einem Kölner Garten in einer Stunde gezählt:

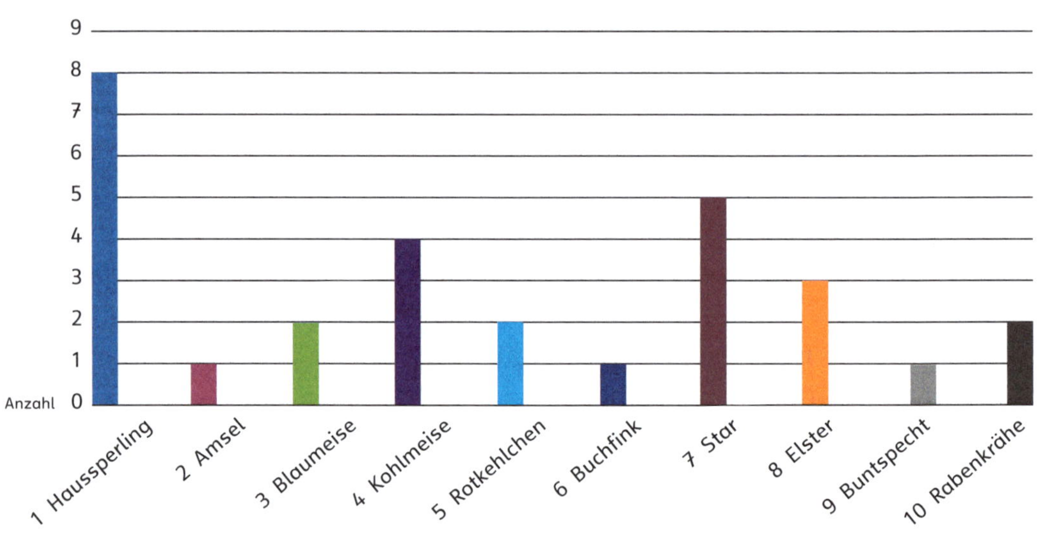

2 **Beantworte die Fragen.**

a) Welche der aufgeführten Vogelarten kennst du?

....

....

....

b) Welche Vogelart war am meisten vertreten?

....

c) Von welcher Vogelart hat Piet drei Individuen gesehen?

....

d) Piet berichtet: „Im letzten Jahr habe ich doppelt so viele Blaumeisen und halb so viele Kohlmeisen gesehen.“ Wie viele Blaumeisen und wie viele Kohlmeisen waren es dann im Vorjahr?

.... Blaumeisen .... Kohlmeisen

e) Welche heimischen Vögel kennst du noch, die nicht im Balkendiagramm enthalten sind?

....

....

Hier kannst du deinen Erfolgssticker platzieren.

Stundenplan

1 Lies den Text und die Sprechblasen.

Joshua hat ausgerechnet am ersten Schultag nach den Sommerferien Windpocken bekommen. Dabei ist es der erste Tag an seiner neuen Schule. Wie ärgerlich! Sein Freund Mika ruft ihn nach der Schule an und berichtet ihm unter anderem vom neuen Stundenplan. Joshua will sich sofort Notizen zum neuen Stundenplan machen.

Ich weiß jetzt schon, dass Donnerstag mein Lieblingstag wird: Wir haben erst eine Doppelstunde Kunst, dann eine Doppelstunde Sport und dann eine Doppelstunde Mathe.

Freitag finde ich ganz doof, weil wir da nur Einzelstunden haben: Erst Mathe, dann Musik, Erdkunde, Religion, Deutsch, Englisch. An dem Tag müssen wir wahnsinnig viele Hefte und Bücher mit in die Schule bringen!

Dienstag ist auch nicht so schlecht. Da haben wir erst eine Doppelstunde Schwimmen, dann eine Doppelstunde Biologie, eine Stunde Deutsch und eine Stunde Englisch.

Montag sind es wieder ziemlich viele Einzelstunden: Zwar erst eine Doppelstunde Deutsch, dann aber eine Stunde Erdkunde, dann Englisch, Mathe und Religion.

2 **Trage das, was Mika erzählt hat, in den Stundenplan ein.**

Stunde	Montag	Dienstag	Mittwoch	Donnerstag	Freitag

3 **Welchen Tag hat Mika vergessen?**

....

Hier kannst du deinen Erfolgssticker platzieren.

Informationstafel

1 **Lies die Informationstafel des Tierheims Rosenbrück.**

Tierheim Rosenbrück

Öffnungszeiten

Montag, Mittwoch, Freitag:	14.00 bis 16.00 Uhr
Dienstag und Donnerstag:	16.00 bis 18.00 Uhr
Samstag:	10.00 bis 13.00 Uhr

Treffen des Kinder-Tierklubs: jeden ersten Mittwoch im Monat, 16.00 bis 17.30 Uhr vor dem alten Katzenhaus

Treffen der Jugendlichen-Tiergruppe: jeden ersten Freitag im Monat, 17.30 Uhr bis 19.30 Uhr vor dem alten Katzenhaus

Geldspenden bitte am Pförtnerhaus abgeben!
Futterspenden bitte im Außencontainer einwerfen!

Ansprechpartnerin für die Katzenpatinnen und Katzenpaten: Frau Malek
Mindestalter 14 Jahre, in Ausnahmefällen 12 Jahre
Voraussetzung: Tetanus-Impfung
Aufgaben: Vorlesen und Schmusen

Ansprechpartner für die Hundeausführerinnen und Hundeausführer: Herr Stromel
Mindestalter 18 Jahre
Voraussetzung: Tetanus-Impfung, Sachkundenachweis für gefährliche Hunde, interne Schulung

2 Beantworte die Fragen.

a) An welchem Tag ist das Tierheim geschlossen?

....

b) Wann und wo trifft sich die Jugendlichen-Tiergruppe?

....

....

....

c) Wo soll man Futterspenden abgeben?

....

d) Maja möchte so gern eine Katzenpatin werden. Sie ist aber erst 12 Jahre alt. Kann das klappen?

....

e) Welche Aufgaben hat eine Katzenpatin?

....

f) Welche Voraussetzungen muss man erfüllen, um Hunde ausführen zu dürfen?

....

....

....

g) Welche Tiere leben außer Hunden und Katzen wohl noch in einem Tierheim?

....

....

....

Hier kannst du deinen Erfolgssticker platzieren.

Spielanleitung

In einer Spielanleitung sollten die Informationen möglichst **übersichtlich** präsentiert werden.
Meist gibt es einen Teil, in dem die **grundlegenden Informationen stichwortartig** aufgelistet sind und einen Teil, in dem die **Regeln erklärt** werden.
Kommentare, wie dir das Spiel persönlich gefällt, gehören nicht in die Spielanleitung.

1 Lies, was das Kind über das Spiel berichtet.

Also, ich möchte euch von einem Spiel für zwei bis ungefähr sechs Kinder erzählen, das meine Freunde und ich gern spielen. Wir nennen es „Spiegelspringen“. Man braucht dazu ein Trampolin, es muss gar nicht so groß sein. Man kann das Trampolin drinnen oder draußen hinstellen. Es ist eigentlich egal, wie alt die Leute sind, die mitmachen. Mein Vater hat auch schon mal mitgemacht. Für Kindergartenkinder ist es aber wahrscheinlich noch zu schwierig. Wer beginnt, geht auf das Trampolin und macht irgend<u>einen</u> besonderen Sprung. Ich mache da immer eine Grätsche. Der andere oder die anderen müssen dann genau diesen Sprung nachmachen. Wenn alle durch sind, darf der Nächste etwas vormachen. Das muss dann aber aus <u>zwei</u> Sprüngen bestehen. Das müssen wieder alle nachmachen, der Nächste macht etwas vor, was aus drei Sprüngen besteht, und immer so weiter: <u>vier</u> Sprünge, <u>fünf</u>, <u>sechs</u> ... Das machen alle so lange, bis niemand mehr Lust hat.

Fit fürs Gymnasium
10-Minuten-Trainer

Mein Stickerbogen

Für jede gelöste Doppelseite in diesem Arbeitsheft darfst du dich mit einem **Erfolgssticker** belohnen.
Suche dir einfach einen Sticker aus und klebe ihn in das dafür vorgesehene Feld am Ende jeder Doppelseite.

Illustrationen: Hans-Jürgen Feldhaus

960.165

2 Schreibe eine Spielanleitung.

Name des Spiels: ....

☐ Für drinnen ☐ Für draußen

Benötigtes Material: ....

Anzahl der mitspielenden Personen: ....

Alter der mitspielenden Personen: ....

Und so geht es:

....

....

....

....

....

....

....

....

....

....

....

....

....

....

....

....

....

Hier kannst du deinen Erfolgssticker platzieren.

Satzanfänge in einem Rezept überarbeiten

Ein Text ist nach dem Schreiben noch nicht fertig.
Man spricht vielmehr erst einmal von einem Textentwurf.

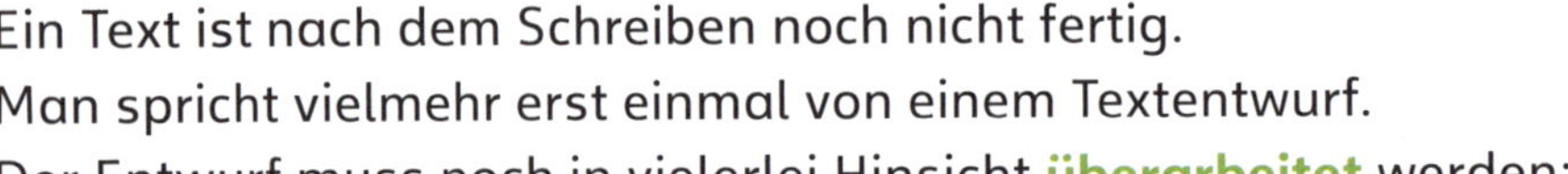

Der Entwurf muss noch in vielerlei Hinsicht **überarbeitet** werden:

- in Bezug auf den **Inhalt**,
- in Bezug auf die **Sprache**,
- in Bezug auf die **Rechtschreibung**.

Eine mögliche sprachliche Überarbeitung ist es, **die Satzanfänge abwechslungsreicher** zu gestalten.

1 **Lies das Rezept.**

Leckerschmecker-Kuchen

Zutaten:

100 g Walnüsse
100 g bittere Schokolade
250 g Butter, zimmerwarm
250 g Puderzucker
ein Tütchen Vanillezucker
4 Eier
250 g Mehl
ein halber Teelöffel Backpulver

Das brauchst du außerdem:

eine Kastenform, mit Backpapier ausgelegt
ein Schneidebrett
ein großes Messer
eine Rührschüssel
eine Küchenwaage
einen Mixer
eine Uhr
einen Teelöffel
einen Rührlöffel
ein Holzstäbchen

1) Als Erstes musst du die Walnüsse und die Schokolade grob zerhacken. Lass dir am besten dabei helfen. Heize den Backofen schon mal auf 180 °C vor.
2) Dann gibst du für den Teig die Butter mit dem Puderzucker und dem Vanillezucker in die Rührschüssel. Verrühre alles so lange mit dem Mixer, bis eine glatte Masse entstanden ist.
3) Dann fügst du nacheinander die Eier hinzu und verrührst alles mit dem Mixer. Jedes Ei muss ungefähr eine Minute geschlagen werden, bevor das nächste zugefügt wird.
4) Dann kommen Mehl und Backpulver zur Teigmasse und werden mit dem Rührlöffel untergerührt.
5) Dann rührst du die Walnüsse und die Schokolade unter und füllst den Teig in die mit Backpapier ausgelegte Kastenform.
6) Dann kommt die Form mit dem Teig für ungefähr 60 Minuten in den Ofen.
7) Dann musst du mit dem Holzstäbchen in den Kuchen piken. Wenn kein Teig mehr daran kleben bleibt, kann der Kuchen aus dem Ofen geholt werden. Lass dir dabei am besten helfen.

2 Sechs Abschnitte beginnen mit dann. Wähle geeignetere Satzanfänge aus und schreibe sie bei der entsprechenden Nummer in die Tabelle.

anschließend ▪ als Nächstes ▪ danach ▪ nun ▪ schließlich ▪ endlich ▪ im Anschluss daran ▪ jetzt ▪ zum Schluss ▪ als Letztes

2)	3)
4)	5)
6)	7)

Hier kannst du deinen Erfolgssticker platzieren.

Personenbeschreibung

Eine Personenbeschreibung wird im **Präsens** und in der **Er-/Sie-/Es-Form** geschrieben.

Sie sollte einen **geordneten Aufbau** haben:
- Informationen über die Person in ihrer Gesamtheit (Größe, Figur),
- Kleidung,
- Kopf und Gesicht,
- besondere Merkmale.

Um genau und treffend zu beschreiben, werden **Adjektive** verwendet.

1 **Schau dir das Bild erst einmal genau an.**

2 **Schreibe eine Personenbeschreibung. In den Kästen findest du geeignetes Wortmaterial.**

Verben:

hat ■ trägt ■ zeigt ■ sieht aus ■ ist

Adjektive:

alt ■ schlank ■ geringelt ■ kurze ■ weiß ■ türkis ■ grün ■ rosa ■ pink ■ dunkelrot ■ halblang ■ glatt ■ rund ■ braun ■ hellbraun

Wichtige Besonderheiten:

Lächeln ■ verschränkte Arme ■ Zahnlücke

....

....

....

....

....

....

....

....

....

....

....

....

....

....

....

Hier kannst du deinen Erfolgssticker platzieren.

Argumente: dafür und dagegen

Ein Argument wird verwendet, um jemanden von etwas zu **überzeugen** oder etwas zu **begründen**.

Dabei kann man Argumente **für etwas** oder **gegen etwas** finden.

1 **Hier findest du Argumente zum Thema *Mit dem Bus zur Schule fahren.* Markiere Argumente für das Busfahren grün und gegen das Busfahren rot.**

Ich werde bei Regen nicht nass. Wenn ich zu Fuß gehe oder mit dem Rad fahre, schon.

Manchmal hat der Bus Verspätung. Dann komme ich zu spät zur Schule.

Mit dem Bus zur Schule fahren

Ich finde den Bus oft zu voll. Ich bekomme gar keinen Sitzplatz.

Busfahren ist umweltverträglicher als Autofahren.

Im Bus treffe ich Freunde aus der Schule und wir können miteinander reden.

2 **Schreibe zum Thema *Mit dem Fahrrad zur Schule fahren* Argumente auf. Versuche, Argumente dafür und dagegen zu finden.**

Mit dem Fahrrad zur Schule fahren

Hier kannst du deinen Erfolgssticker platzieren.

Dilemmageschichte

1 Lies die Dilemmageschichte.

Paula und die kleine Ziege

Paul liegt im Bett und kann nicht schlafen. Er wälzt sich ruhelos hin und her. Ihm geht nicht aus dem Kopf, was heute Abend passiert ist:
Seine kleine Schwester Paula hatte ihn überredet, mit ihr zu den Ziegen zu kommen. Paula ist erst sechs und darf noch nicht alleine über die große Straße gehen. Ihre Mutter hatte den beiden noch einmal eingeschärft: „Denkt daran, die Ziegen auf keinen Fall zu füttern! Der Bauer hat extra noch einmal ein neues Schild angebracht, auf dem auf das Fütterverbot hingewiesen wird. Neulich war eine Ziege so krank, dass sie beinahe gestorben wäre."
Aber kaum waren sie bei den Ziegen angekommen, holte Paula blitzschnell zwei Kekse aus der Tasche, die sie der kleinen Ziege gab. Paul konnte gar nicht so schnell reagieren, wie die beiden Kekse verschwunden waren! Kekse! Mit Schokolade! Er schimpfte lautstark mit Paula – aber das Unglück war ja bereits geschehen. Und nun ist Paul unsicher: Soll er seinen Eltern von der Fütterung berichten? Dann würde Paula sicher großen Ärger kriegen. Aber wenn er nichts sagt und die kleine Ziege wird krank oder stirbt sogar? Jetzt kann der Tierarzt vielleicht noch helfen?
Aber bestimmt schaden zwei Kekse der kleinen Ziege gar nicht und er würde seine Schwester ganz unnötig verpetzen. Da geht die Tür auf und Pauls Mutter kommt herein. „Hey, du schläfst ja noch gar nicht!"

2 Beantworte die Fragen.

a) An welches Verbot hat Paula sich nicht gehalten?

....

....

b) Was ist Pauls Dilemma?

....

....

....

....

....

....

c) Was würdest du tun?

....

....

....

....

....

....

....

....

Hier kannst du deinen Erfolgssticker platzieren.

Planen einer Fantasiegeschichte

Wenn eine Geschichte etwas umfangreicher werden soll, ist meist eine **Planung** nötig.
Das kann zum Beispiel geschehen
- durch **einen Gedankenschwarm/eine Mindmap**,
- einen **roten Faden**,
- eine **Stichwortsammlung zu Oberbegriffen**.

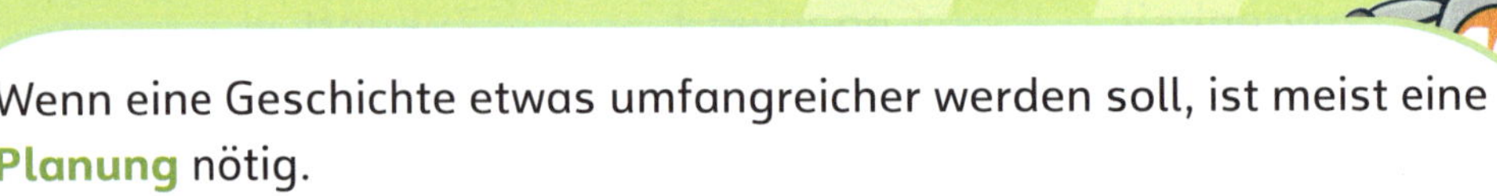

1 **Plane deine Geschichte stichwortartig mithilfe der Oberbegriffe.**

Schauplatz

Wo spielt die Geschichte?

☐ Reale Welt ☐ Fantasiewelt

Wie sieht die Welt aus? Zeichne etwas Typisches.

Wann spielt deine Geschichte?

☐ Vergangenheit ☐ Gegenwart ☐ Zukunft

Figuren

Hauptperson/-en:

....

....

Aussehen der Hauptperson/-en:

....

....

Andere wichtige Personen:

....

Magische Elemente

Magische Fähigkeiten:

....

....

Magische Wesen:

....

....

2 Schreibe mithilfe deiner Planung einen Anfang für deine Fantasiegeschichte.

....

....

....

....

Hier kannst du deinen Erfolgssticker platzieren.

Abenteuergeschichte

1 **Die Geschichte ist durcheinandergeraten. Lies die Abschnitte.**

Geschnappt!

a) Und ihr werdet es kaum glauben: Am frühen Abend des zweiten Tages tauchten tatsächlich zwei Männer in einem kleinen weißen Lieferwagen auf, die auf den Schulhof fuhren. Weil uns das verdächtig vorkam, machten wir Fotos und riefen bei der Polizei an. Dort nahm man unseren Anruf so ernst, dass uns die Polizistin am Telefon eindringlich ermahnte, bloß nicht auf den Schulhof zu laufen. „Das könnte gefährlich werden, hört ihr, Kinder!"

b) Viele Kinder gründen Banden. Eine Zeit lang wurde in unserer Klasse an so gut wie jedem Tag eine neue Bande gegründet. Manche Kinder waren in mehreren Banden, und alle dachten natürlich, ihre Bande sei die coolste und die beste. Unsere Bande war aber wirklich etwas Besonderes! Und warum das so war, will ich euch erzählen.

c) Aber vom Fenster aus hatten wir natürlich eine prima Aussicht und konnten gut verfolgen, wie die Polizei die beiden Männer im Gebäude suchte – und dann tatsächlich auf frischer Tat beim Stehlen ertappte! Das war so aufregend!
Am nächsten Tag mussten wir unsere Geschichte wieder und wieder erzählen und waren die Helden der ganzen Schule. Ja, einen solchen Fall kann man nur jeder Detektiv-Bande wünschen – leider blieben aber die 40 gestohlenen Notebooks verschwunden.

d) Der Fall, der uns in unserem Stadtteil eine gewisse Berühmtheit verschafft hat, fiel uns sozusagen vor die Füße – im wörtlichen Sinne! Denn eines Morgens, als wir in die Klasse kamen, lagen die Scherben einer zerbrochenen Fensterscheibe auf einigen Tischen und dem Boden verteilt. Als wir noch ratlos schauten, betrat die Lehrerin der Nachbarklasse aufgeregt unseren Klassenraum: „Stellt euch vor, in meiner Klasse sind alle Notebooks weg!“ Unsere Lehrerin Frau Mirger schaute sofort in unserem Klassenschrank nach und tatsächlich: Unser Schrank war auch leer. Binnen kurzer Zeit war klar, dass in unserer Schule eingebrochen worden war! Die Hälfte aller Notebooks war gestohlen worden! Unser Schulleiter befürchtete, dass die Diebe noch einmal wiederkommen könnten, um die andere Hälfte zu stehlen: „Bestimmt sind die Diebe nur gestört worden!“

e) Und nun kamen wir ins Spiel. Ein solcher Fall war natürlich ein gefundenes Fressen für die Detektivos. Wir verabredeten, die Schule genau zu beobachten. Glücklicherweise wohnten zwei von uns so, dass man von einem Fenster aus Teile des Schulhofs beobachten konnte. Wir machten einen Schichtplan und saßen immer abwechselnd auf Beobachtungsposten.

f) Wir nannten uns die Detektivos. Daran kann man schon erkennen, dass wir eine Detektiv-Bande waren. Wir, das waren Mila, Sina, Carlotta, Vincent und ich, Hannah. Detektive brauchen nichts nötiger als Detektivfälle, und so waren wir ständig auf der Suche nach Dingen, die uns besonders auffielen, uns merkwürdig oder sogar verdächtig vorkamen.

2 Ordne die Geschichtenteile in der richtigen Reihenfolge.

b, ...

Hier kannst du deinen Erfolgssticker platzieren.

Eine Textstelle interessanter schreiben

Eine Geschichte ist nach dem Schreiben noch nicht fertig.
Man spricht vielmehr erst einmal von einem Geschichtenentwurf.
Der Geschichtenentwurf muss noch in vielerlei Hinsicht **überarbeitet** werden:

- in Bezug auf den **Inhalt**,
- in Bezug auf die **Sprache**,
- in Bezug auf die **Rechtschreibung**.

Eine mögliche inhaltliche Überarbeitung ist es, **eine bestimmte Stelle interessanter** auszugestalten.

1 Lies die Geschichte.

Riesenrutsche

Gestern war ich mit meiner Freundin in einem Spaßbad. Wir hatten uns schon lange darauf gefreut. Besonders die Riesenrutsche gefällt uns nämlich supergut. Wir sind einen ganzen Tag dort geblieben und haben alle Schwimmbecken nacheinander ausprobiert. Aber am besten war wie immer das Rutschen. Es war toll !

Gestalte diese Stelle ausführlicher und interessanter!

2 **Sammle in einem Gedankenschwarm alles, was dir zu einem schönen und aufregenden Rutschen auf der Riesenrutsche einfällt.**

Rutschen auf der Riesenrutsche

3 **Schreibe die Stelle nun interessanter und ausführlicher auf.**

Hier kannst du deinen Erfolgssticker platzieren.

Merkmale von Märchen

Märchen sind kurze Geschichten, die nicht in der wirklichen Welt spielen. Oft muss eine Person eine **Prüfung bestehen** oder ein **Problem lösen**. Märchen werden im **Präteritum** geschrieben.

Diese **Merkmale** sind typisch für Märchen:

- Sprachliche Formeln für den Anfang und das Ende:
  Es war einmal ... / Und wenn sie nicht gestorben sind ...
- Personen ohne Namen, zum Beispiel: der König, der Jäger ...
- Magische Wesen: Hexen, Drachen, Teufel ...
- Zahlen, zum Beispiel: drei, sieben, elf, zwölf, dreizehn ...
- Magische Gegenstände, zum Beispiel: eine Nadel, ein Brunnen ...
- Gegensätze: Arm und Reich, Gut und Böse ...
- Besondere Stoffe: Gold, Silber ...
- Eine altertümliche Sprache, zum Beispiel: Gevatter, lieblich ...
- Sprüche oder Reime: Knusper, knusper, knäuschen ...

Nicht in jedem Märchen sind alle Merkmale enthalten.

1 **Lies das Märchen.**

Föhlchen

Es war einmal ein Schmied, der hatte drei Söhne. Die beiden älteren Söhne waren groß und stark und halfen dem Vater tatkräftig beim schweißtreibenden Tagwerk. Und doch reichte das Geld immer nur für das Allernötigste. Der jüngste Sohn aber war klein und wenig für die Arbeit mit Feuer, Amboss und Hammer geeignet. Wegen seiner zarten Gestalt wurde er Föhlchen genannt. Die drei Brüder waren sich von Herzen zugetan.

Wenn der Vater an den Fähigkeiten seines jüngsten Sohnes zweifelte, mahnten die beiden älteren Söhne stets: „Vater, sorge dich nicht! Wer weiß, wozu es gut ist." Föhlchen verbrachte seine Tage im Wald, sammelte Früchte und Nüsse und Feuerholz. Er kannte alle Pflanzen und Tiere mit Namen und wusste die Zeichen der Natur zu lesen.

Eines Tages traf er zwei alte Weiblein, die heftig stritten. Das eine Weiblein sprach zu ihm: „Du sollst unseren Streit beenden! Sprich: Wer ist mehr der Ehre wert, die Sonne oder die Wolken?" Beim Wort Sonne leuchtete ihr Gesicht golden auf. Föhlchen ahnte, dass dieses Weiblein der Sonne zugetan war. Lange dachte er über seine Antwort nach und sprach schließlich bedächtig: „Ohne die Sonnenstrahlen würden die Pflanzen nicht wachsen – aber ohne den Regen der Wolken auch nicht. Ich verehre beide!" Da freuten sich die Weiblein über die weisen Worte Föhlchens, denn sie waren die beiden Wetterfeen. Sie versprachen, dass er am Fuße des nächsten Regenbogens einen Topf voller Gold finden würde – und so geschah es auch.

Als Föhlchen mit dem Gold heimkam, lachten die beiden Brüder vor Freude: „Nun müssen wir nie wieder mahnen: Wer weiß, wozu es gut ist!" Die Familie des Schmieds lebte fortan in Wohlstand und Glück. Und wenn sie nicht gestorben sind, dann leben sie noch heute.

2 **Im Regelkasten stehen Merkmale von Märchen. Finde für die Merkmale Beispiele in *Föhlchen* und markiere sie farbig.**

Hier kannst du deinen Erfolgssticker platzieren.

Ein Märchen fertigschreiben

1 **Lies den Anfang und das Ende des Märchens.**

Das Märchen vom guten König

Es war einmal ein König, der regierte ein großes Königreich. Der König war ein guter Herrscher. Daher war er beliebt im ganzen Reich, bei Klein und Groß, bei Arm und Reich. An seiner Seite regierte die Königin, eine weise Frau, die er oft um Rat bat. Die beiden hatten einen Sohn, den sie von Herzen liebten und dem sie alles beibrachten, was ein zukünftiger König wissen und können sollte.

Als der König merkte, dass es Zeit würde, seinem Sohn den Königsthron zu überlassen, rief er ihn zu sich. „Mein Sohn, du bist zu einem mutigen, tapferen und gerechten Mann herangewachsen. Nur eins bereitet mir Sorge: Es mangelt dir an Geduld! Geduld ist aber auch für einen König eine wichtige Tugend. So ziehe in die Welt hinaus, bewähre dich und beweise mir, dass du auch über Geduld verfügst!"

...

...

Als der König von den Erlebnissen seines Sohnes erfuhr, stiegen ihm vor Freude die Tränen in die Augen. „Nun bin ich sicher, dass du ein guter König sein wirst und kann dir beruhigt die Königswürde überlassen!"

Und so geschah es auch. Der Prinz wurde König, suchte sich eine Frau, und wenn sie nicht gestorben sind, dann leben und regieren sie noch heute.

2 **Denke dir einen passenden Mittelteil für das Märchen aus. Notiere hier erst einmal stichwortartig, wo und wie der Königssohn lernen kann, geduldig zu sein.**

....

....

....

....

....

....

TIPP Denke an die richtige Zeitform (Präteritum) und die passende Sprache.

3 **Schreibe einen passenden Mittelteil für das Märchen.**

So sattelte der Prinz sein Pferd und ritt los. ....

....

....

....

....

....

....

....

....

....

....

Hier kannst du deinen Erfolgssticker platzieren.

Merkmale von Fabeln

Fabeln sind kurze Geschichten, aus denen man **etwas lernen kann**. Sie werden im **Präteritum** geschrieben.

Meistens sind die Figuren einer Fabel **Tiere**, die sich wie Menschen verhalten und sprechen können. Den Tieren werden oft **bestimmte Eigenschaften** zugeordnet, zum Beispiel:

Fuchs	listig
Esel	dumm
Löwe	stark
Pfau	eitel

Oft ist eine Fabel folgendermaßen **aufgebaut**:

1) Die Tiere **treffen** aufeinander.
2) Es gibt ein **Problem** oder es gibt einen **Konflikt**.
3) Die Geschichte nimmt eine überraschende **Wendung**.
4) Häufig steht unter Fabel die **Lehre**, also was man daraus lernen kann.

1 Lies die Fabel.

Der braune Rabe

Ein Rabe lebte in der Nähe eines Bauernhofes. Dort sah er, wie die Hühner morgens und abends vom Bauern gefüttert wurden.

....

Er dachte bei sich: „Oh, wie geht es den Hühnern doch gut, dass sie jeden Tag gefüttert werden! Ich hingegen muss mir mein tägliches Futter selbst zusammensuchen. Lieber wäre ich auch ein Huhn!"
Er beschloss, sich zu verwandeln, und malte seine schwarzen Federn braun an. Am nächsten Tag mischte er sich unauffällig unter das Hühnervolk, scharrte und pickte und freute sich von nun an über die beiden guten Mahlzeiten, die der Bauer jeden Tag brachte.

....

Eines Tages wurde er unvorsichtig und krächzte laut vor Freude über die leckeren Körner. Da stoben die Hühner zunächst erschrocken auseinander. Dann aber vertrieben sie den Raben, der sich eingeschlichen hatte, denn eigentlich sind Hühnervögel und Rabenvögel keine Freunde.
Der braune Rabe flog enttäuscht zu seinesgleichen zurück. Dort aber wurde er wegen seiner braunen Federn nicht mehr als Rabe erkannt und ebenfalls vertrieben. Nun stand er ganz alleine da und die Futtersuche gestaltete sich viel mühsamer als je zuvor.

....

Daraus kann man lernen, dass es manchmal besser ist, sich mit einer Situation zufriedenzugeben, anstatt es immer noch leichter und bequemer haben zu wollen.

2 Lies den Regelkasten und schreibe über die vier Abschnitte der Fabel diese Stichwörter.

Lehre   Treffen   Wendung   Problem

Hier kannst du deinen Erfolgssticker platzieren.

Eine Fabel nach Bildern schreiben

1 Schau dir die Bilder zur Fabel an.

Der Hund, die Katze und die Ratte

2 **Schreibe die Fabel auf.**

Eines Tages hatte der Hund ein Stück Käse gefunden. Kaum begann er zu fressen, kam die Katze und wollte es ihm stehlen.

Daraus kann man lernen, dass

Hier kannst du deinen Erfolgssticker platzieren.

Kleine Textformen

Rätsel

(S. 6)
In Rätseln wird eine **besondere Sprache** benutzt, z. B. **Reime, Wiederholungen** oder es wird **bildhaft** geschrieben.
Rätsel sind **mehr** als einfache Beschreibungen.
In einem Rätsel ist die Lösung **nicht zu offensichtlich**.

Akrostichon

(S. 8)
Ein Akrostichon ist ein **Gedicht**.
Die **Anfangsbuchstaben** der einzelnen Verse bilden ein Wort.
Man muss das Wort daher **senkrecht** erlesen.
Das Wort gibt das Thema des Gedichts vor. Daher nennt man es auch das **Themawort**.

Briefe

(S. 10)
Zu einem Brief gehören bestimmte Bausteine:
Datum, Anrede, Text, Grußformel, Unterschrift.
Jeder Baustein fängt in einer neuen Zeile an.
Zwischen den einzelnen Bausteinen lässt man eine Zeile frei.
Wenn man jemanden mit „Sie“ anspricht, werden alle Anredepronomen großgeschrieben: **S**ie, **I**hr, Ihre, **I**hnen.

Witze

(S. 12)
Witze können **kurz und knapp** geschrieben sein.
Ein Witz hat ein **unerwartetes Ende**, das zum Lachen bringt.

Sachtexte

Steckbriefe

(S. 16)
In einem Steckbrief werden meist **Stichwörter** verwendet.
Die Informationen werden **kurz und knapp** zusammengefasst.

Anleitungen und Beschreibungen

Spielanleitung

(S. 32)
In einer Spielanleitung sollten die Informationen möglichst **übersichtlich** präsentiert werden.
Meist gibt es einen Teil, in dem die **grundlegenden Informationen stichwortartig** aufgelistet sind und einen Teil, in dem die **Regeln erklärt** werden.
Kommentare, wie dir das Spiel persönlich gefällt, gehören nicht in die Spielanleitung.

Personenbeschreibung

(S. 36)
Eine Personenbeschreibung wird im **Präsens** und in der **Er-/Sie-/Es-Form** geschrieben.
Sie sollte einen **geordneten Aufbau** haben:
- Informationen über die Person in ihrer Gesamtheit (Größe, Figur),
- Kleidung,
- Kopf und Gesicht,
- besondere Merkmale.

Um genau und treffend zu beschreiben, werden **Adjektive** verwendet.

Spannende Geschichten

Planen einer Fantasiegeschichte

(S. 42)
Wenn eine Geschichte etwas umfangreicher werden soll, ist meist eine **Planung** nötig.
Das kann zum Beispiel geschehen
- durch einen Gedankenschwarm/eine **Mindmap**,
- einen **roten Faden**,
- eine **Stichwortsammlung zu Oberbegriffen**.

Märchen und Fabeln

Merkmale von Märchen

(S. 48)

Märchen sind kurze Geschichten, die nicht in der wirklichen Welt spielen. Oft muss eine Person eine **Prüfung bestehen** oder ein **Problem lösen**. Märchen werden im **Präteritum** geschrieben.
Diese **Merkmale** sind typisch für Märchen:
- Sprachliche Formeln für den Anfang und das Ende (Es war einmal ... / Und wenn sie nicht gestorben sind ...)
- Personen ohne Namen, zum Beispiel der König, der Jäger ...
- Magische Wesen: Hexen, Drachen, Teufel ...
- Zahlen, zum Beispiel drei, sieben, elf, zwölf, dreizehn ...
- Magische Gegenstände, zum Beispiel eine Nadel, ein Brunnen ...
- Gegensätze: Arm und Reich, Gut und Böse ...
- Besondere Stoffe: Gold, Silber ...
- Eine altertümliche Sprache, zum Beispiel: Gevatter, lieblich ...
- Sprüche oder Reime: Knusper, knusper, knäuschen ...

Nicht in jedem Märchen sind alle Merkmale enthalten.

Merkmale von Fabeln

(S. 52)

Fabeln sind kurze Geschichten, aus denen man **etwas lernen kann**.
Sie werden im **Präteritum** geschrieben.
Meistens sind die Figuren einer Fabel **Tiere**, die sich wie Menschen verhalten und sprechen können. Den Tieren werden oft **bestimmte Eigenschaften** zugeordnet, zum Beispiel:

Fuchs listig
Esel dumm
Löwe stark
Pfau eitel

Oft ist eine Fabel folgendermaßen **aufgebaut**:
1. Die Tiere **treffen** aufeinander.
2. Es gibt ein **Problem** oder es gibt einen **Konflikt**.
3. Die Geschichte nimmt eine überraschende **Wendung**.
4. Häufig steht unter Fabel die **Lehre**, also was man daraus lernen kann.

Texte überarbeiten

Ein Text ist nach dem Schreiben noch nicht fertig. Man spricht vielmehr erst einmal von einem Textentwurf.
Der Entwurf muss noch in vielerlei Hinsicht **überarbeitet** werden:
- in Bezug auf den **Inhalt**,
- in Bezug auf die **Sprache**,
- in Bezug auf die **Rechtschreibung**.

Eine mögliche inhaltliche Überarbeitung ist es, **eine bestimmte Stelle** interessanter auszugestalten (vgl. S. 46–47).
Eine mögliche sprachliche Überarbeitung ist es, **die Satzanfänge abwechslungsreicher** zu gestalten (vgl. S. 34–35).

Kleine Textformen

Rätsel

Seite 6

1. Apfel
2. Ich bin eine längliche,
   krumme und gelbe Frucht.
   Beschreibung

   Mein Äußeres sieht schön aus,
   und das wirfst du weg!
   Mein Inneres sieht gewöhnlich aus,
   und das isst du auf!
   Rätsel

Seite 7

3. a) Müslischüssel
   b) Buch
   c) Sonne

4. Hier folgt ein Beispiel. Dein eigenes Rätsel muss dem Beispiel nicht entsprechen:

   Mit meinen drei Augen kann ich nichts sehen.
   Die roten sagen: Stopp! Du musst stehen!
   Das grüne sagt: Nun darfst du gehen!

Lösung: Fußgängerampel

Akrostichon

Seite 8

1. Themawort: Ferien

Seite 9

3. Hier folgt ein Beispiel. Dein eigener Gedankenschwarm muss dem Beispiel nicht entsprechen:

   Gedankenschwarm zum Themawort Gewitter

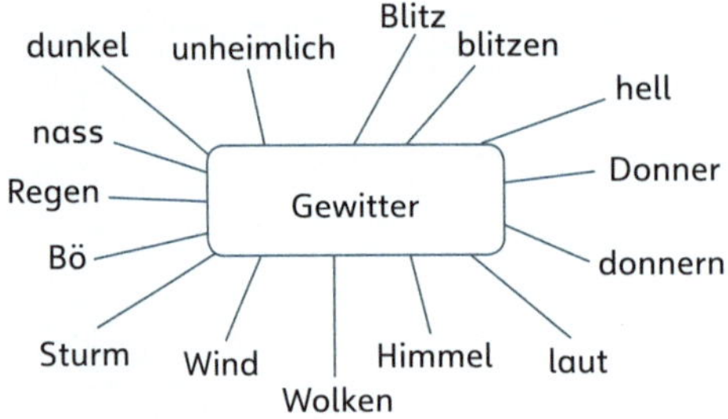

4. Hier folgt ein Beispiel. Dein eigenes Akrostichon muss dem Beispiel nicht entsprechen:

   Akrostichon zum Themawort Gewitter

   Ganz dunkel wird der Himmel.
   Ein heftiger Wind
   Wütet in den Baumkronen.
   Ist noch jemand draußen?
   Tobt, Blitz und Donner!
   Tobt!
   Erst ganz zum Schluss regnet es.
   Regen!

Briefe

Seite 10

1. Datum: Köln, den 12.05.2021
   Anrede: Liebe Kinder der Klasse 4b,
   Grußformel: Ganz herzliche Grüße von eurer ehemaligen Klassenlehrerin
   Unterschrift: Hannah Batis

Seite 11

2.

Anreden	Grußformeln
Hallo	Viele Grüße
Guten Tag	Herzliche Grüße
Sehr geehrte/-r	Freundliche Grüße
Liebe/-r	Liebe Grüße

3. Hier folgt ein Beispiel. Dein eigener Brief muss dem Beispiel nicht entsprechen:

Flensburg, den 01.06.2021

Liebe Frau Batis,

vielen Dank für Ihren Brief. Ich freue mich immer sehr, wenn Sie uns schreiben und vermisse Sie immer noch.
Natürlich wollen wir eine Abschiedsfeier machen. Und wir werden Sie auf jeden Fall einladen! Ich sage Frau Lenzen, dass Sie Ihnen schon mal den Termin nennen soll. Ich würde mich wirklich sehr freuen, wenn Sie kommen, und die anderen Kinder sicher auch!

Herzliche Grüße von
Tom

Witze

Seite 13

2. orange und grün
   blau und gelb

4. Hier folgt ein Beispiel. Dein eigener Witz muss dem Beispiel nicht entsprechen:

   Niemand, Keiner und Doof streiten sich. Da haut Keiner Niemand so fest auf die Nase, dass sie blutet.
   Doof läuft in eine Apotheke und ruft: „Geben Sie mir einen Verbandskasten, schnell! Niemand hat Nasenbluten!"
   Da sagt der Apotheker: „Sagen Sie mal, sind Sie vielleicht doof?"
   „Ja, woher wissen Sie das?"

Bauplan-Text

Seite 14

2. Mir fallen gleich die Augen zu.
3. In Zeile 1, 3, 7 und 8.
4. Individuelle Lösung

Seite 15

5. Hier folgt ein Beispiel für den Themasatz **So lecker ist sonst nichts**. Deine eigenen Sätze müssen dem Beispiel nicht entsprechen:

   Ich liebe Kartoffelbrei.
   Aber er darf keine Klümpchen haben.
   Kartoffelbrei könnte ich jeden Tag essen!
   Er schmeckt so lecker.
   Er hat so eine schöne Konsistenz.
   Dazu mag ich am liebsten Würstchen und Sauerkraut.
   Am besten schmeckt er, wenn mein Vater ihn macht.

6. Hier folgt ein Beispiel. Dein eigener Bauplan-Text muss dem Beispiel nicht entsprechen:

   So lecker ist sonst nichts.
   Ich liebe Kartoffelbrei.
   So lecker ist sonst nichts.
   Dazu mag ich am liebsten Würstchen und Sauerkraut.
   Am besten schmeckt er, wenn mein Vater ihn macht.
   Kartoffelbrei könnte ich jeden Tag essen!
   So lecker ist sonst nichts.
   So lecker ist sonst nichts.

Sachtexte

Steckbriefe

Seite 17

3. Hier folgt ein Beispiel. Dein eigener Steckbrief muss dem Beispiel nicht genau entsprechen:

Körperlänge	18–22 cm
Aussehen	kurzer Schwanz, schwarz-dunkelgrün schillerndes Gefieder, manchmal mit hellen kleinen Tupfen
Nahrung	Insekten, Obst
Fortbewegung am Boden	bewegt sich aufrecht hüpfend vorwärts
Vorkommen	in einer Gruppe oder einem Schwarm
Gesang	imitieren Geräusche, ausdauernde Folge von Pfeifen, Zischen und Schnalzen

Zwischenüberschriften einfügen

Seite 19

2. Hier folgen die Überschriften in der richtigen Reihenfolge:

   Der siebte Kontinent
   Entdeckung der Antarktis
   Tierwelt der Antarktis
   Forschungsprojekt am Thwaites-Gletscher

Sachtext und Gedicht vergleichen

Seite 20

2. Die Frage lautet: Doch halt, wo kommt die Farbe von Kätzchen 4 nur her?

   Erklärung: Die Katze kann mehrmals gedeckt werden, auch von verschiedenen Katern. Ein Vater-Kater war wohl schwarz oder schwarz-weiß und einer rot-orange.

Seite 21

3. Diese Textstelle muss markiert sein:
   Es kann sogar sein, dass die Katze schon trächtig ist und nach wenigen Wochen noch einmal gedeckt wird. Dieses später gezeugte Katzenjunge ist bei der Geburt deutlich kleiner als seine Geschwister oder Halbgeschwister.

4. Ja, die Anzahl der Kätzchen ist typisch für eine nicht mehr junge Mutterkatze.

Fragen beantworten

Seite 23

2. Meteorologie

3. a) Winde
   b) Temperaturen
   c) Beschaffung der Erdoberfläche

4. Starkregen und Dauerregen

5. Landregen

Quizfragen

Seite 25

2. Klette oder Klettensamen

3. Hier folgt ein Beispiel. Deine eigene Frage muss dem Beispiel nicht entsprechen:

   Aus welchen beiden Wörtern besteht das Wort Bionik?

4. Oberflächen, die nicht verschmutzen, haben als Vorbild die Lotusblume.

5. Hier folgt ein Beispiel. Deine eigene Frage mit drei Antwortmöglichkeiten muss dem Beispiel nicht entsprechen:

   Wie verbreitet sich der Klettensamen?
   - ☐ Er fliegt mit dem Wind davon.
   - ☐ Er bleibt im Fell von Tieren hängen.
   - ☐ Er wird von Vögeln gefressen und wieder ausgeschieden.

6. Hat der Klettensamen große Haken?
   ☐ Ja ☒ Nein

7. Hier folgt ein Beispiel. Deine eigene Ja-/Nein-Frage muss dem Beispiel nicht entsprechen:

   Perlt Wasser von Blättern der Lotusblume ab?

Schaubilder, Pläne und Schilder

Balkendiagramm

Seite 27

2. a) Individuelle Lösung
   b) Haussperling
   c) Elster
   d) 4 Blaumeisen
      2 Kohlmeisen
   e) Individuelle Lösung

Stundenplan

Seite 29

2.

Stunde	Montag	Dienstag	Mittwoch
1	Deutsch	Schwimmen	
2	Deutsch	Schwimmen	
3	Erdkunde	Biologie	
4	Englisch	Biologie	
5	Mathe	Deutsch	
6	Religion	Englisch	

Stunde	Donnerstag	Freitag
1	Kunst	Mathe
2	Kunst	Musik
3	Sport	Erdkunde
4	Sport	Religion
5	Mathe	Deutsch
6	Mathe	Englisch

3. Mittwoch

Informationstafel

Seite 31

2. a) Sonntag
   b) jeden ersten Freitag im Monat, 17.30 Uhr, vor dem alten Katzenhaus
   c) Man soll Futterspenden in den Außencontainer werfen.
   d) Ja, in Ausnahmefällen schon.
   e) Vorlesen und Schmusen
   f) Tetanus-Impfung, Sachkundenachweis für gefährliche Hunde, interne Schulung
   g) Individuelle Lösung, zum Beispiel: Kleintiere wie Kaninchen, Meerschweinchen, Hamster, Mäuse, Vögel, Schildkröten, manchmal Nutztiere wie Hühner, Schafe, Ziegen

Anleitungen und Beschreibungen

Wenn du zum Thema **Anleitungen und Beschreibungen** noch mehr üben möchtest, schau dir doch einmal den Band ***Fit fürs Gymnasium Intensiv-Trainer 4→5 Deutsch*** (ISBN 978-3-507-23270-9) an.

Spielanleitung

Seite 33

2. Name des Spiels: Spiegelspringen
   ☒ Für drinnen ☒ Für draußen
   Benötigtes Material: Trampolin
   Anzahl der mitspielenden Personen: 2–6
   Alter der mitspielenden Personen: ab 6

   Hier folgt ein Beispiel. Deine eigene Spielanleitung muss dem Beispiel nicht genau entsprechen:

   Und so geht es:
   Wer beginnt, macht auf dem Trampolin einen besonderen Sprung. Die anderen müssen den Sprung nachmachen. Die nächste Person macht zwei Sprünge, die wieder alle anderen nachmachen. Dann folgen von der nächsten Person drei Sprünge, dann vier, dann fünf und immer so weiter, bis niemand mehr Lust hat.

Satzanfänge in einem Rezept überarbeiten

Seite 35

2. Hier folgt ein Beispiel. Deine Satzanfänge müssen dem Beispiel nicht entsprechen:

2) im Anschluss daran	3) als Nächstes
4) anschließend	5) danach
6) schließlich	7) zum Schluss

Personenbeschreibung

Seite 37

2. Hier folgt ein Beispiel. Deine eigene Personenbeschreibung muss dem Beispiel nicht genau entsprechen:

   Das Mädchen ist ungefähr 6–7 Jahre alt und schlank. Sie trägt ein kurzärmliges, gestreiftes T-Shirt. Die Streifen sind weiß, türkis, grün, rosa, pink und dunkelrot. Ihre halblangen dunkelblonden glatten Haare hat sie zu zwei Zöpfen gebunden. Ihren Pony trägt sie mit einem Seitenscheitel. Sie hat ein rundes Gesicht, braune Augen, hellbraune Augenbrauen und eine Stupsnase. Weil sie lächelt, kann man sehen, dass sie vorne zwei Zahnlücken hat. Sie hat für das Foto die Arme vor dem Körper verschränkt.

Meinungen

Argumente: dafür und dagegen

Seite 38

1. Argumente für das Busfahren:
   - Ich werde bei Regen nicht nass. Wenn ich zu Fuß gehe oder mit dem Fahrrad fahre, schon.
   - Busfahren ist umweltverträglicher als Autofahren.
   - Im Bus treffe ich Freunde aus der Schule und wir können miteinander reden.

   Argumente gegen das Busfahren:
   - Manchmal hat der Bus Verspätung. Dann komme ich zu spät zur Schule.
   - Ich finde den Bus oft zu voll. Ich bekomme gar keinen Sitzplatz.

Seite 39

2. Hier folgen Beispiele. Deine Argumente müssen den Beispielen nicht entsprechen:

   Mögliche Argumente für das Fahrradfahren:
   - Bewegung ist gesund.
   - Durch die Fahrt an der frischen Luft wird man morgens richtig wach.
   - Fahrradfahren macht einfach Spaß.
   - Ich muss die schwere Schultasche nicht so weit tragen, weil sie im Fahrradkorb liegt.

   Mögliche Argumente gegen das Fahrradfahren:
   - Wenn es regnet, werde ich nass.
   - Wenn ich eine Regenhose anziehe, muss ich die Regenhose mit in die Schule nehmen.
   - Auf meinem Schulweg gibt es keinen Fahrradweg.
   - An meiner Schule gibt es keine Möglichkeit, das Fahrrad anzuschließen.

Dilemmageschichte

Seite 41

2. a) Man darf die Ziegen nicht füttern.
   b) Entweder sagt Paul seiner Mutter, dass Paula die kleine Ziege gefüttert hat. Das ist schlecht für Paula, die vielleicht Ärger bekommt, aber gut für die Ziege, falls sie krank werden sollte.
   Oder Paul sagt seiner Mutter nichts. Das

ist gut für Paula, die dann keinen Ärger bekommt, aber schlecht für die Ziege, weil der Tierarzt vielleicht zu spät gerufen wird, wenn sie krank geworden ist.

c) Individuelle Lösung

Spannende Geschichten

Planen einer Fantasieschichte

Seite 42/Seite 43

1. Individuelle Lösung

2. Individuelle Lösung

Abenteuergeschichte

Seite 45

2. b, f, d, e, a, c

Eine Textstelle interessanter schreiben

Seite 47

2.

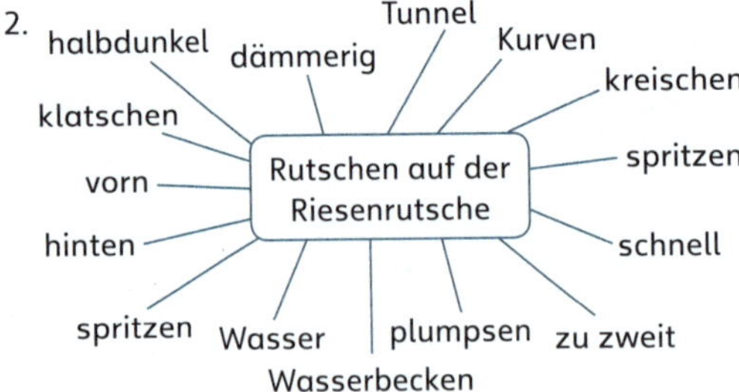

3. Hier folgt ein Beispiel. Dein eigener Text muss dem Beispiel nicht entsprechen:

Aber am besten war wie immer das Rutschen. Meine Freundin Elisa und ich sind zu zweit gerutscht. Ich sitze am liebsten hinten, weil man sich dann am anderen festhalten kann. Elisa macht es nichts aus, vorn zu sitzen. Kaum saßen wir im halbdunklen Tunnel der Riesenrutsche, ging es auch schon mit Spritzen und Kreischen durch die Kurven. Und jedes Mal, wenn wir unten ins Wasserbecken klatschten, mussten wir so lachen und wollten sofort noch einmal rutschen! Es war toll!

Märchen und Fabeln

Merkmale von Märchen

Seite 49

2. Hier folgen Beispiele. Zum Teil gibt es auch andere Wörter, die du markieren kannst.

Sprachliche Formeln: Es war einmal ... (Zeile 1), Und wenn sie nicht gestorben sind, ... (Zeile 32–33)
Personen ohne Namen: ein Schmied, der Vater, die Söhne, zwei Weiblein (Zeile 1, 2, 14)
Magische Wesen: Wetterfeen (Zeile 23)
Zahlen: drei (Zeile 1)
Magische Gegenstände: Topf (Zeile 24)
Gegensätze: groß/stark – klein/zart (Zeile 2, 5, 6), arm – reich (Zeile 4, 32)
Besondere Stoffe: ... leuchtete ihr Gesicht golden auf. (Zeile 17)
Eine altertümliche Sprache: Tagwerk, Gestalt, von Herzen zugetan, wusste die Zeichen der Natur zu lesen, mehr der Ehre wert, zugetan, bedächtig, verehre, mahnen (Zeile 3, 6, 7, 12–13, 16, 18, 19, 21, 29)
Sprüche: Wer weiß, wozu es gut ist! (Zeile 10, 29–30)

Ein Märchen fertigschreiben

Seite 51

2. Hier folgt ein Beispiel. Deine Stichwörter müssen dem Beispiel nicht entsprechen:

Traumwächterchen
Waldlichtung
nachts
Träume bewachen
still

3. Hier folgt ein Beispiel. Dein Märchenteil muss nicht dem Beispiel entsprechen:

So sattelte der Prinz sein Pferd und ritt los. Eines Tages kam er nach einem langen Tagesritt an eine Waldlichtung. Doch kaum legte er sich zum Schlafen nieder, bemerkte er ein altes hutzeliges Männlein, ganz in Silber gekleidet. Es war das Traumwächterchen! Es setzte sich bewegungslos auf der Lichtung nieder, schaute in die Wolken und bewachte die Träume der Menschen.
Der Prinz dachte: „Hier kann ich Geduld lernen!" Er bat darum, sich dem Traumwächterchen anschließen zu dürfen. Das gutherzige Traumwächterchen willigte ein und ermahnte

den Prinzen: „Du musst reglos neben mir sitzen, sonst verscheuchst du die Träume!“
Und so kam es, dass der Prinz dem Traumwächterchen dreizehn Nächte reglos und geräuschlos Gesellschaft leistete.
Nun hatte er bewiesen, dass auch er geduldig sein konnte und ritt frohen Mutes zurück zu seinem Vater.

Merkmale von Fabeln

Seite 53

2.
1. Treffen
2. Problem
3. Wendung
4. Lehre

Eine Fabel nach Bildern schreiben

Seite 55

2. Hier folgt ein Beispiel. Deine Fabel muss dem Beispiel nicht genau entsprechen:

Eines Tages hatte der Hund ein Stück Käse gefunden. Kaum begann er zu fressen, kam die Katze und wollte es ihm stehlen. Bald begann ein erbitterter Kampf zwischen den beiden.
Dies sah die Ratte, die zufällig des Weges kam. Sie dachte: „Ei, die beiden kämpfen um den Käse. Vielleicht kann ich zum Zuge kommen!“
Und so wartete sie geduldig den Kampf ab. Da Katze und Hund ungefähr gleich stark waren, konnte keiner den Kampf für sich entscheiden. Schließlich sanken die beiden ermattet nieder.
Diese Gelegenheit nutzte die Ratte. Sie sprang flink herbei, schnappte sich das Käsestück und lief behände davon.
Der Hund und die Katze waren viel zu erschöpft, um den Käsedieb verfolgen zu können und bleiben enttäuscht zurück.
Daraus kann man lernen, dass sich der Dritte freut, wenn zwei sich streiten.

Fit fürs Gymnasium

Mit Sofort-Fehlercheck fürs Handy!

Die Intensiv-Trainer zur Wiederholung aller zentralen Lerninhalte der Grundschule

Der komplette Grundschulstoff:

- verständliche Erklärungen mit vielen Beispielen und Tipps
- abwechslungsreiche Übungen mit anschaulichen Lösungen

Effektiv lernen:

- Einstiegstest zur Bestimmung des Übungsbedarfs
- Tests zur Überprüfung des Lernfortschritts

Gibt es für die Fächer Deutsch, Mathematik und Englisch (Preis: 14,95 Euro)

Für den sicheren Übergang von der 4. in die 5. Klasse!

westermann
Immer auf den Punkt